AF268092

97

DES

EMPRUNTS ESPAGNOLS

A L'ÉTRANGER

ET DU

RÈGLEMENT DE LA DETTE.

PRIX : 2 FRANCS.

SE VEND A PARIS,

Chez M. GABRIEL, Libraire, passage du Saumon, n° 2 ;

Et à la LIBRAIRIE NATIONALE,
Boulevard Montmartre, n°s 10 et 11.

JANVIER 1850.

DES

EMPRUNTS ESPAGNOLS

A L'ÉTRANGER

ET DU

RÈGLEMENT DE LA DETTE.

PRIX : **2** FRANCS.

PARIS,

IMPRIMERIE DE JULES-JUTEAU ET Cᵉ, RUE SAINT-DENIS, 345.

1850.

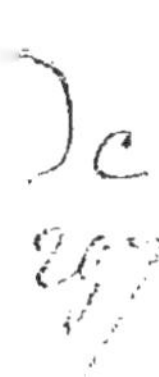

DES
EMPRUNTS ESPAGNOLS
A L'ÉTRANGER
ET DU
RÈGLEMENT DE LA DETTE.

L'attention publique se porte sur les finances de l'Espagne, et le règlement de sa dette.

Rappeler en ce moment la mémoire des emprunts espagnols à l'Étranger, depuis le premier jusqu'au dernier, et en présenter l'ensemble ne sera pas sans utilité pour les porteurs de titres.

Les émissions de tous ces emprunts, les diverses conversions que les obligations ont subies, la transformation successive des titres, et leur dénomination actuelle, sont l'objet d'une revue rétrospective, dont cette brochure trace l'historique.

Cette brochure a aussi pour objet de faire connaître la totalité des nouvelles émissions de 3 p. 0/0 de la dette extérieure et intérieure, et de rendre publique, pour l'intelligence des créanciers en général, la *situation* que les divers emprunts ont produite, et qui sera prise en considération, à propos du prochain règlement de la dette.

Les deux premiers emprunts faits par l'Espagne à l'Étranger eurent lieu en Hollande, sous le règne de Charles IV, dans les années de 1796 et 1804. Ils furent réalisés par la maison *Echenique et C°* d'Amsterdam. Leur produit servit aux dépenses de construction du canal d'Aragon, entreprise d'une importance immense, et dont les travaux se trouvaient en voie d'exécution sur une vaste étendue de terrain.

Le troisième eut encore lieu sous le même règne, et dans l'année 1807. Il fut négocié par la maison *Hope et C°* d'Amsterdam. Il se fit dans le double objet de retirer de la circulation les obligations des deux emprunts précédents, et de subvenir à d'autres dépenses du trésor espagnol.

Mais dès l'année suivante survinrent ces évènements qui furent si funestes à l'Espagne. L'invasion française, le soulèvement de la nation contre les armées ennemies n'expliquent que trop les malheurs de cette époque, et la cessation de tout paiement des semestres.

Après les traités de 1815, à l'époque de restauration où toutes les puissances s'occupaient de mettre ordre à leurs finances, l'Espagne eut aussi l'intention de suivre un si bel exemple.

Quelques États venaient de réaliser des emprunts, mais avant ils s'étaient empressés de reconnaître et de capitaliser les intérêts échus et non payés durant la guerre. Ce fut dans le même but sans doute que le ministre des finances Garay, auteur d'un nouveau système d'impôt, s'adressa en 1817 à des maisons étrangères, mais celles-ci ne durent pas être satisfaites des explications données par le ministère espagnol, car ces ouvertures de négociations n'eurent aucune suite. Peu après survint la chute du ministère Garay, et avec lui s'évanouirent tous ses projets de crédit. Le service des intérêts de la dette continua de rester dans le même état de suspension.

Il est facile de concevoir, après tant d'années d'attente, avec quel sentiment de satisfaction on dut apprendre à Amsterdam l'avènement d'une nouvelle politique et la proclamation de la constitution qui eut lieu à Madrid, le 7 mars 1820.

L'annonce de l'ouverture prochaine des Cortès fut saluée par une hausse considérable sur les obligations espagnoles. Dès cet instant les regards se portèrent sur l'Espagne, et les banquiers songèrent aux emprunts.

Les Cortès, ouvertes solennellement en juillet 1820 par *Ferdinand*, votèrent la reconnaissance de la dette de Hollande comme *dette nationale*.

Cette mesure était pour ainsi dire celle qui devait précéder tout nouvel emprunt.

Alors eut lieu sous le régime constitutionnel le premier emprunt. Il fut concédé à la maison *Ardoin et C°* de Paris, à laquelle la maison *Jacques Laffitte et C°* joignit l'autorité et le crédit de son nom. Cet emprunt eut un succès complet. Les garanties sur lesquelles il reposait furent l'objet d'un prospectus qu'il serait curieux de relire aujourd'hui.

L'année suivante un second emprunt eut encore lieu, sous les mêmes auspices et aux mêmes conditions de garantie. Il eut le même succès. On put cependant s'apercevoir que des certificats de dettes divers provenant d'un même débiteur, portant des dates et des signatures différentes, concurremment avec d'autres certificats qui se trouvaient déjà en Hollande, se nuisaient mutuellement dans leur négociation respective. On accorda alors aux contractants du dernier emprunt, par un article additionnel et secret, la faculté de convertir les obligations anciennes en nouvelles. Cette faculté donna lieu à des arbitrages ignorés du public, mais il s'en doutait cependant, et il pouvait s'en plaindre, parce qu'il n'en profitait pas lui-même.

Au commencement de 1822 un troisième emprunt fut encore contracté. Cette fois ce fut le commerce espagnol qui demanda à le souscrire, et il lui fut concédé. Il eut lieu sous la dénomination de *Empréstito nacional*. Le commerce espagnol obtint l'avantage d'en payer le montant une partie en argent et l'autre en *vales*. Les *vales* étaient une valeur ancienne en 4 p. 100 dont les intérêts n'étaient pas payés depuis long-temps. Cet emprunt national fut couvert, mais non sans peine, et encore dut-on recourir à l'Étranger, à Londres particulièrement. Il s'y trouva des preneurs, et dès ce moment il s'établit sur cette valeur entre Londres et Paris un arbitrage avec Madrid. Dans cette dernière place les cours se maintenaient au-dessous des deux autres, et bientôt eut lieu l'émigration de la majeure partie des obligations de l'emprunt national.

La présence de ces titres nouveaux vint conséquemment augmenter une diversité qui déjà avait été remarquée comme nuisible aux négociations. On songea donc plus sérieusement à la réforme qu'il était nécessaire d'y apporter, mais on songea bien plus sérieusement encore à la mise à exécution d'une nouvelle opération.

On s'arrêta sur un projet de *refonte* ou de *conversion générale*. C'était un emprunt nouveau, mais sous une autre forme, c'était pour ainsi dire un blanc seing qu'on demandait à l'Espagne.

L'autorisation de cette conversion, combattue par l'opposition, éloquemment appuyée par le comte de *Toreno,* en sa qualité de député, fut décrétée à la fin de 1822 par les Cortès sous la dénomination de *traité-Vallejo,* nom du ministre des finances qui y apposa sa signature.

En conséquence, les obligations des emprunts de 1820, 1821 et de celui appelé *national,* à quelques exceptions près, furent converties en obligations nouvelles. Quelques obligations de *Hope* le furent aussi en très petit nombre. La date primitive de ces dernières inspirait trop de confiance aux Hollandais pour qu'ils les échangeassent contre des obligations nouvelles. Les porteurs se tinrent donc à l'écart de la conversion, mais tout en préférant conserver leurs anciennes obligations, ils achetèrent des nouvelles en quantité.

L'opération de conversion suivait son cours ordinaire, aux soins de la maison *Ardoin, Hubbard et C°* de Paris, lorsque, pressé encore d'argent, le gouvernement espagnol s'adressa à la maison de Don Cayetano *Bernales* de Londres pour une nouvelle opération.

C'était au commencement de 1823 que ces négociations avaient lieu. Déjà les absolutistes pullulaient dans le sein de l'Espagne, et la diplomatie elle-même donnait à ses vues des dimensions effrayantes.

La maison *Bernales* de Londres traita sous ces fâcheux auspices l'emprunt de 1823. Pourvue de l'autorisation des Cortès et de l'inscription primitive, elle ouvrit ses bureaux aux souscripteurs et commença ses opérations. Par contre, elle acceptait les lettres de change que le trésor de Madrid fournissait sur elle à quatre-vingt-dix jours de date. Elle acceptait encore toutes les sommes dont se prévalait le gouvernement constitutionnel des lieux où les évènements l'obligeaient à transférer son siège, lorsque l'invasion de l'armée française vint y mettre fin ! Là finirent aussi les opérations de la maison *Bernales,* qui dut suspendre ses paiements ; et, pour satisfaire les porteurs de ses acceptations, elle leur livra les obligations mêmes de l'emprunt.

L'intervention étrangère devait porter ses fruits.

La première parole que prononça le roi absolu fut pour déclarer la nullité de tous les actes du gouvernement constitutionnel depuis le 7 mars 1820 jusqu'au 30 septembre 1823 !

C'était l'annulation de tous les emprunts des Cortès, sanc-tionnés par le roi constitutionnel !

Cette déclaration en forme de décret royal fut faite au port Sainte-Marie le 1er octobre 1823, quelques instants après l'arrivée du roi et sa première entrevue avec son libérateur le duc d'Angoulême !

La veille au soir, le 30 septembre, le roi constitutionnel avait signé à Cadix une déclaration par laquelle il faisait ser-ment de garder dans toute leur force et vigueur tous les actes et emprunts votés par les Cortès, et auxquels il avait donné sa sanction dans les formes légales !

Les porteurs de rentes espagnoles purent juger de l'effet produit par la publication du décret qui annulait leurs créan-ces. Un gouvernement qui se débarrasse de sa dette au moyen d'un simple décret ! En vérité, on voit ces choses-là écrites, et on doute encore qu'elles soient réelles !

Le premier effet passé, les espérances des créanciers se re-portèrent sur les cas probables où l'Espagne aurait encore à recourir au crédit. On se promettait de ne le lui accorder qu'à la condition qu'elle ferait honneur à ses engagements anté-rieurs. C'est dans ce sens que la bourse de Londres proscrivit la cote officielle de toute nouvelle valeur de l'Espagne.

Mais malgré l'opinion qui semblait repousser de partout un emprunt quelconque venant de l'Espagne, un nouvel emprunt vint encore faire son apparition à la bourse de Paris, et il y fut reçu !!!

C'était l'emprunt *Guébhard,* le même qui prit ensuite le

nom d'*Emprunt royal.* Son origine était remarquable. C'était la **Junte** apostolique siégeant à *la Seo de Urgel*, au milieu des factions absolutistes, qui lui avait donné le jour. La date de l'approbation royale dont il était revêtu présentait encore une coïncidence non moins remarquable. Elle était la même que celle de l'emprunt *Bernales* !

L'emprunt royal fut le premier auquel le banquier *Aguado* mêla son nom.

Après l'emprunt royal qui finit par bien réussir, vinrent ces innombrables émissions de *Rentes perpétuelles*, dont on inonda les bourses de Paris, d'Amsterdam, de Belgique et d'Allemagne. Il en fut émis en si grande quantité que le banquier lui-même qui était chargé de ce soin douta qu'il fût possible d'en émettre davantage, si préalablement le gouvernement ne s'empressait de rassurer le public au sujet des engagements antérieurs. A cette occasion il lui fit sentir la nécessité de concessions en faveur des créanciers dont les titres étaient en souffrance depuis 1823.

Le conseil fut pris en considération. Jusque-là il n'était pas de ministre qui ne se fût gardé de parler au roi des emprunts de 1820 à 1823, de crainte de blesser par ce souvenir le cœur de S. M. C. Ce fut à la fin de 1829 qu'on osa faire parvenir jusqu'aux pieds du trône les plaintes de cette classe de créanciers.

Le roi, sur un rapport du ministre des finances, signa le 4 janvier 1830 un décret par lequel fut reconnue comme *dette de l'État* la dette hollandaise, cette même dette dont l'origine remontait à l'année 1807 et que les Cortès de 1820 avaient déjà reconnue.

Les termes de ce décret portaient que les obligations *Hope* seraient converties en rentes perpétuelles 5 p. 100, capital pour capital, et que les intérêts échus de ces mêmes obligations seraient également convertis en rentes perpétuelles.

Cet important décret qui portait la date du 4 janvier fut inséré dans la gazette officielle de Madrid du 4 février suivant, juste un mois après la signature.

Déjà des ordres d'achat avaient devancé son arrivée en Hollande, et quand le décret parut à la bourse d'Amsterdam il trouva le cours des obligations *Hope* à peu près au taux de celui des rentes perpétuelles qui était très élevé.

La maison *Hope*, par des scrupules de délicatesse, refusa de se charger de la conversion qu'elle aurait peut-être consenti à opérer si elle eût pu démontrer au public que le chiffre de l'émission nouvelle serait égal à celui du retrait des obligations anciennes. C'était précisément la démonstration qu'on rendait impossible en convertissant ces obligations en rentes perpétuelles identiques avec celles qui circulaient déjà. Les motifs de dignité qui déterminèrent le chef de la maison *Hope* furent pressentis, et une dépréciation dans les cours s'ensuivit, mais elle cessa en présence de la réalité des avantages qu'offraient les valeurs nouvelles, et la hausse l'emporta. Cette circonstance favorable fit surgir une autre maison qui ouvrit ses bureaux à la conversion. Ce fut la maison William Willing.

La reconnaissance de la dette hollandaise devint un nouvel élément de crédit. Le public rechercha les fonds espagnols, et il fut émis des sommes considérables de rentes perpétuelles.

Après en avoir encombré tous les marchés, excepté toutefois celui de Londres, le seul qui ait eu la dignité de maintenir la mesure de proscription dont il a déjà été parlé, on dut reconnaître encore la nécessité de disposer le gouvernement du roi en faveur des porteurs des emprunts des Cortès, qui n'auraient que de trop justes motifs de plainte tant qu'on ne reviendrait pas sur le décret qui les avait frappés.

En conséquence le roi rendit en 1831 un nouveau décret.

Il faisait ainsi sous le point de vue absolutiste une concession aux porteurs des emprunts de 1820 à 1823. Il autorisa donc le banquier de la cour d'Espagne à émettre à l'Étranger de nouvelles rentes perpétuelles de 3 p. 100 — jusqu'alors celles émises avaient été en 5 p. 100 — et il accorda aux preneurs la *faculté* de convertir les obligations des Cortès dans les proportions de 100. capital contre 66 2/3 rente 3 p. 100 et 33 1/3 dette différée, celle-ci convertible à son tour en rente 3 p. 100, par quarantièmes en quarante années.

Les évènements politiques survenus en France et en Belgique avaient déjà fait fléchir les fonds espagnols, comme ils avaient fait fléchir tous les fonds en général, de sorte qu'au jour où la publication du décret eut lieu, le prix des rentes perpétuelles 5 p. 100 ne permettait pas d'assigner au nouveau 3 p. 100 un prix qui pût inviter les porteurs des bons des Cortès à opérer l'échange. Il n'existait aucune marge entre le cours probable du nouveau fonds et celui auquel se négociaient encore les emprunts des Cortès, et par contre ceux-ci avaient en leur faveur la perspective d'un changement dans la politique espagnole.

La proposition de conversion fut donc généralement repoussée par les porteurs des anciens emprunts. La bourse de Londres déclara de nouveau que la cote officielle resterait interdite à toute nouvelle valeur de l'Espagne.

Mais il arriva encore à Paris ce qui déjà était arrivé.

Des porteurs complaisants et des porteurs sérieux des obligations des Cortès, auxquels il convenait sans doute que le décret espagnol reçût un commencement d'exécution, parurent être satisfaits des termes de la conversion proposée. Ils accoururent donc réaliser leur échange. Il n'en fallut pas davantage, cela suffit même pour que le nouveau 3 *p.* 0/0 et les *différés* obtînssent tous les honneurs de la cote officielle. La cote était leur baptême. Dès cet instant, ces nouvelles valeurs purent librement circuler sur tous les marchés mêlées aux emprunts des Cortès qu'elles devaient remplacer.

Bientôt après la maison *Ferrere-Laffitte et C°* commanditée par *Aguado* lui succéda pour ses affaires avec le gouvernement espagnol. Le public se plut encore à voir dans cette commandite les prochaines fiançailles des emprunts des Cortès et des rentes perpétuelles, c'est-à-dire quelque projet de *fusion* qui favoriserait les premiers, mais il n'en fut rien. La maison *Ferrere-Laffitte et C°* négocia favorablement un nouvel emprunt en rente perpétuelle 3 p. 0/0, et ensuite elle cessa ses relations avec le gouvernement espagnol.

Malgré la faveur soutenue dont jouissait alors à l'Étranger les rentes perpétuelles, les fonds espagnols à Madrid continuaient de languir. Les 4 et 5 p. 0/0 de la dette *intérieure* restaient toujours à des cours inférieurs comparativement à ceux qu'obtenaient au dehors les valeurs espagnoles de la dette *extérieure*. La différence était extraordinaire. Elle l'était d'autant plus que le débiteur était le même. Le paiement des semestres avait lieu aussi exactement à Madrid que celui qui se réalisait à Paris. Pourquoi donc cette différence dans les prix ? Des spéculateurs belges et allemands virent là un nouvel arbitrage, et comme s'il n'y avait pas encore assez de fonds espagnols à l'Étranger, il ne craignirent pas de les augmenter en ordonnant des achats considérables de 4 p.´ 100 à Madrid.

Des masses de titres au porteur—*titulos al portador*—comme on les appelle en Espagne passèrent de Madrid à Paris et à Anvers. Dans cette dernière place on annexa à chacun de ces titres un certificat-promesse d'en payer les intérêts à Anvers, à un change convenu, après réception de l'avis d'ouverture du paiement à Madrid. On *domiciliait*, pour ainsi dire, la dette *intérieure* payable à l'Étranger.

Cela donna de la faveur à ces 4 p. 100, mais hâtons-nous de dire que bientôt après ils rentrèrent tous dans leur mère-patrie rappelés par des prix meilleurs.

L'année 1834 se présentait sous les plus séduisants auspices pour l'Espagne. D'importants changements s'étaient réalisés. La reine Isabelle avait succédé à Ferdinand. Des institutions libérales avaient été concédées à la nation. C'était une ère nouvelle, une ère de bonheur.

Les fonds publics se trouvaient naturellement en voie de

hausse. L'attention se portait vers les nouvelles Cortès. On en espérait des lois de réparation, de crédit, et on présageait déjà une grande mesure financière, lorsqu'on apprit que les maisons de *Rothschild* frères étaient en négociation avec le gouvernement de la reine au sujet d'une avance de fonds pour le semestre de l'emprunt royal et des rentes perpétuelles.

Les maisons de *Rothschild* faisaient cette avance de caisse, et devaient pour les conditions du remboursement attendre que les Cortès fussent légalement constituées, afin de traiter avec leur autorisation.

Une opération financière était en perspective.

Le crédit de l'Espagne allait s'affermir sous une puissante impulsion.

C'était dans ces dispositions favorables que le comte de Toreno prenait possession du ministère des finances, et que les Cortès s'ouvraient en juillet 1834.

Qu'on juge de l'effet que durent produire les projets de loi dont il fit la lecture quelques jours après !

Dans l'objet de *niveler les dépenses avec les recettes —* c'était le considérant dont le ministre faisait précéder son projet de loi — il proposait aux Cortès de *réduire de la moitié* la totalité de la dette à l'Étranger !

Il demandait donc à être autorisé à convertir les emprunts des Cortès et ceux faits postérieurement de 1823 à 1834 en dette *active et passive,* dans les proportions de 100. capital des emprunts antérieurs contre 50. dette active 5 p. 100 et 50 de dette passive.

Et pour étonner davantage ses auditeurs, le ministre demandait encore aux Cortès, par le même projet de loi, l'autorisation de contracter un nouvel emprunt de 400. millions de réaux effectifs !

Une bombe qui eût éclaté au milieu de la bourse n'eût pas produit plus d'épouvante que ce malencontreux projet ! L'effet fut égal sur toutes les places. Les Cortès elles-mêmes furent saisies de stupeur.

A cette époque l'opinion à Madrid était très timide. On sortait à peine de l'état d'absolutisme qui avait pesé sur le pays durant dix années. L'Estamento comptait dans son sein des députés nouveaux, timorés, mais tous animés d'un bon esprit et du désir sincère du bien public. Leur nombre s'augmenta bientôt de tous les émigrés. Parmi ceux-ci qui avaient vécu de privations à l'Etranger, quelques-uns arrivaient avec une prévention prononcée contre les abus du régime absolu et notamment contre les émissions de rentes perpétuelles qu'ils accusaient à tort ou à raison d'avoir prolongé leur exil. Les idées les plus exagérées furent émises et rendues publiques.

Le roi absolu avait annulé tous les emprunts de la représentation nationale. L'opposition demandait à son tour qu'on annulât ceux contractés postérieurement sous la monarchie absolue. Sous l'un ou sous l'autre système, toujours les mêmes fautes.

Enfin les débats allaient s'ouvrir en présence des Cortès réunies. Ils furent des plus violents. Ils durèrent des mois entiers, durant lesquels il ne fut question que des emprunts, de leur immoralité et des agiotages auxquels ils avaient donné lieu. De l'*Estamento de Procuradores* à la chambre des députés — la discussion passa à l'Estamento de Proceres — chambre des pairs — où les mêmes débats et les mêmes discours se reproduisirent.

Bref, les Cortès décrétèrent que :

— Les emprunts des Cortès, l'emprunt royal et les rentes perpétuelles 5 et 3 p. 100 — ce dernier proportion gardée — seraient convertis et échangés dans les proportions de 100. capital contre 66. 2/3 dette *active* 5 p. 100 et 33. 1/3 dette *passive*.

— Les coupons échus des emprunts des Cortès seraient convertis et échangés en dette *différée*, convertible elle-même en *active* par douzièmes en douze années.

Les Cortès décrétèrent en même temps un emprunt de 400 millions de réaux et l'émission d'une somme de rente en *active* nécessaire pour produire cette somme au trésor.

Elles ordonnèrent que, sur le produit de cet emprunt, les avances faites par les maisons de *Rothschild* leur fussent remboursées.

Les Cortès décidèrent que la réduction et conversion ne comprendraient pas les emprunts contractés de gouvernement à gouvernement, tels que l'inscription de 80 millions de francs en faveur de la France pour l'intervention de 1823, une autre inscription en faveur des États-Unis, et enfin une troisième au profit de l'Angleterre pour indemnités.

Malgré tous les précédents, malgré la mauvaise impression que les débats parlementaires avaient produite, la promulgation du décret des Cortès vint donner une impulsion nouvelle aux fonds espagnols. La bourse de Londres ouvrit ses deux battants pour recevoir le nouvel emprunt. Les arbitrages recommencèrent de plus belle , et la conversion décrétée eut lieu. L'emprunt lui-même eut un succès fou !

C'était alors le bon temps. L'Étranger versait à Madrid le produit de l'emprunt. Tous les services étaient couverts. Les semestres à l'intérieur comme à l'extérieur étaient payés.

Hélas ! la guerre civile vint troubler ce bonheur, et semer des inquiétudes !

Les carlistes devenaient redoutables sur quelques points. Le budget de la guerre excédait toutes les prévisions. Le service des intérêts de la dette intérieure et extérieure atteignait dans sa totalité le chiffre de 280 millions de réaux annuels !

Il en résultait un malaise qui devenait le prélude d'une catastrophe nouvelle, plus terrible encore que les précédentes, pour tous les porteurs de rentes espagnoles !

En effet, à la fin de 1836, le ministre des finances, Mendizabal, eut la triste mission d'annoncer à la tribune que le gouvernement de la reine se voyait dans la nécessité de *suspendre* le paiement des semestres de la dette !

Couvrir le service de la *guerre* au détriment de celui de la *dette* était une question de vie ou de mort pour le trône d'Isabelle. En affermissant le règne de la reine constitutionnelle on sauvait le capital de la dette. Le gouvernement s'efforça de le faire comprendre dans ce sens. Les semestres étaient sacrifiés pour le moment. Toutefois, comme s'il eût été possible d'atténuer le mauvais effet de cette suspension, le ministre offrit aux bourses étrangères de payer le *semestre échu* en *bons du trésor*. On ne se fit pas illusion sur cette offre, dont l'ac-

complissement dépendait moins du ministre que des évènements. Cependant quelques porteurs anglais adhérèrent à ce
mode de paiement, et des bons du trésor furent livrés sur la
place de Londres. Ces bons eurent à leur échéance le même
sort que les coupons : ils restèrent également en souffrance.
L'effet de leur non-paiement fut pire encore que celui de leur
création. A l'impuissance on avait ajouté une faute impar-
donnable.

Trois années après eut lieu le traité de Vergara, traité qui
mit fin à cette guerre d'extermination et de ruine pour le
pays. L'accueil favorable fait à ce traité donna l'espérance
qu'il en résulterait des économies dans le budget de la guerre,
et que les créanciers de l'État se ressentiraient de cette amélioration. Malheureusement cette espérance fut encore déçue,
parce qu'il survint des troubles d'une autre espèce. La reine-
mère dut abdiquer la régence du royaume, et abandonner
l'Espagne.

Ce fut seulement sous la régence du duc de la Victoria, et
dans l'année 1841, que le gouvernement put se convaincre de
la nécessité de donner aux porteurs de fonds espagnols une
preuve de bonne volonté.

A cette occasion le ministre des finances Gamboa fit adopter
par les Cortès un projet de loi, en vertu duquel les coupons
de la *dette active*, échus depuis 1836 à 1841, seraient capi-
talisés et convertis en 3 p. 0/0, *dette extérieure*.

Ce 3 p. 0/0, dont les intérêts sont payables à l'Étranger,
est celui qui se trouve à Paris, à Londres, à Amsterdam et
dans les bourses de Belgique et d'Allemagne. Son origine est
la capitalisation des coupons de l'*active*.

La même concession fut faite par le même décret aux créanciers nationaux. Les coupons des 4 et 5 p. 0/0 des mêmes années de 1836 à 1841 furent également convertis en 3 p. 0/0, *dette intérieure.*

Ce 3 p. 0/0, dont les intérêts sont payables à Madrid, est aussi celui dont nous voyons quelques titres à l'Étranger. Il a la même origine que l'autre. Il provient de la capitalisation des coupons des 4 et 5 p. 100 de la dette intérieure.

Les Cortès avaient déjà voté la majorité de la reine Isabelle. La reine-mère était à la veille de rentrer en Espagne.

A la fin de 1844, le comte de Santa Olalla, nommé ministre des finances, fit preuve à son début des plus saines et des meilleures intentions. Ce fut sous son ministère que s'obtint la cote officielle du 3 p. 0/0 espagnol à la bourse de Paris, cote vainement demandée jusque alors. Ce fut encore sous son ministère qu'eut lieu la conversion en 3 p. 0/0 des bons du trésor, de ces bons donnés en paiement de coupons échus, et dont l'existence à Londres avait été l'objet, durant huit années, de réclamations incessantes. La réalisation de cette conversion était un acte de justice, une réparation dans l'intérêt du crédit du trésor espagnol. Elle fut très bien accueillie. Le marché des fonds espagnols s'en ressentit favorablement. Les cours approchèrent du prix de 40. Alors un emprunt, dans lequel les coupons échus depuis 1841 et les autres classes de dette elles-mêmes auraient pu participer, devenait réalisable. La possibilité d'une opération de ce genre commençait à se répandre dans le public, lorsqu'on apprit la chute du ministère entier.

Après le comte de Santa Olalla, ce fut le ministre Mou qui prit possession du portefeuille des finances. A son entrée au ministère, et comme mesure gouvernementale, il revendiqua toutes les recettes de l'État, dont la perception avait été cédée en garantie ou affectée au paiement d'avances au trésor ou de fournitures à l'armée. La revendication faite, il appela les intéressés, s'entendit avec eux et leur donna en paiement des 3 p. 100, dette intérieure, à un change convenu. Il convertit également en 3 p. 100, et dans les mêmes conditions, presque toute la dette flottante dont le trésor était grevé sans avoir les moyens de l'acquitter, ce qui embarrassait sa comptabilité et sa marche.

Le 3 p. 100, dette intérieure, s'accrut à cette occasion d'un capital de deux milliards de réaux de vellon.

Là finirent les émissions, les conversions et les projets d'amélioration en faveur du crédit et des créanciers de l'Espagne.

Nous avons successivement fait mention de tous les emprunts de l'Espagne à l'Étranger. Nous allons en présenter la récapitulation. Nous l'établirons en trois époques en raison de leurs émissions.

La première époque comprendra les emprunts faits sous le régime constitutionnel dans les années 1820 à 1823, et la dette de Hollande, quoique antérieure, parce que sa reconnaissance date de 1820, époque à laquelle ont commencé à s'effectuer les emprunts dont nous rappelons la mémoire.

A la reconnaissance de la dette de Hollande succéda le premier emprunt des Cortès en 1820, ensuite le second en 1821, puis le troisième appelé national, avec cette observation que les trois emprunts ont été convertis par le traité Vallejo en obligations de 1822. Postérieurement encore eut lieu l'emprunt Bernales. Ainsi à l'époque où le gouvernement constitutionnel cessait d'exister en 1823, les emprunts en circulation se composaient : — des obligations Hope — des obligations provenant du traité Vallejo — de celles comprises dans ce même traité et qui n'avaient pas été présentées à la conversion — et des obligations Bernales.

La seconde époque comprend les emprunts faits sous la monarchie absolue dans les années 1823 à 1834.

L'emprunt royal fut le premier — immédiatement après suivirent les émissions de rentes perpétuelles 5 p. 100 — ensuite eut lieu la conversion en rentes perpétuelles 5 p. 100 des anciennes obligations Hope, les mêmes qui sont comprises dans les emprunts de la première époque — puis s'effectuèrent simultanément les émissions de nouvelles rentes perpétuelles 3 p. 100 et de dette différée, celle-ci convertible à son tour en 3 p. 100 par un quarantième annuel. Nous avons expliqué déjà qu'à l'occasion de ces deux émissions de 3 p. 100 et de dette différée on avait accordé aux porteurs d'emprunts des Cortès de la première époque la faculté de les convertir en ces valeurs nouvelles — postérieurement encore eut lieu un emprunt en rentes perpétuelles 3 p. 100 ; et là finirent les émissions de cette époque à l'Étranger.

La troisième commence en 1834 sous le règne de la reine constitutionnelle.

Cette époque s'annonce par une conversion nouvelle de tous les emprunts des deux époques antérieures.

À l'exception de la dette différée de 1831, comprise dans les émissions de la seconde époque, tous les titres anciens disparaissent de la circulation ; à savoir : — les obligations du traité Vallejo — celles dont ce même traité appelait les porteurs — les obligations Bernales — l'emprunt royal — et les rentes perpétuelles 5 et 3 p. 100.

Ils sont remplacés par — la dette *active* 5 p. 100 — la *passive* — et la *différée nouvelle*.

Ici se termine pour ainsi dire la première phase de cette époque.

Une seconde phase naît de la suspension de paiement des semestres.

Les coupons d'intérêts de *l'active* et de la *dette intérieure* sont convertis à leur tour en rentes 3 p. 100. Les bons du trésor donnés en paiement du premier de ces mêmes coupons sont aussi convertis en 3 p. 100. Enfin on convertit encore en 3 p. 100 une partie de la dette flottante qui pesait sur le trésor de Madrid.

Ces diverses conversions produisent la création d'un capital en 3 p. 100 de 156,564,095 piastres, dont 35 millions environ forment la dette *extérieure* et les 121 millions restants la dette *intérieure*.

Nous prenons ce chiffre dans le budget espagnol lui-même qui porte pour l'année 1850 l'annualité des intérêts du 3 p. 100 extérieur et intérieur à 4,696,922 piastres.

Le service de ces intérêts, le seul qui figure présentement dans le budget espagnol, est aussi le seul qui ait été couvert sans interruption depuis l'année 1841, date de la création du 3 p. 100.

Le paiement des semestres du 3 p. 100 de la dette *extérieure* a lieu à l'Étranger.

Celui du 3 p. 100 de la dette *intérieure* a lieu à Madrid, mais au choix du porteur il s'effectue aussi à Paris par la commission espagnole des finances au moyen d'une lettre de change sur la caisse d'amortissement de Madrid, payable en piastres, et que les maisons de banque de Paris escomptent au change courant sur Madrid.

Le prix plus ou moins élevé que le change accorde pour chaque piastre, et l'existence plus ou moins grande sur le marché de titres de dette extérieure et intérieure établissent la différence qui résulte entre le cours de ces deux valeurs. Le cours comparatif présente souvent un écart, mais cet écart s'efface aussi quelquefois. C'est cette éventualité qui sert d'a-liment à divers arbitrages dont ces deux fonds sont l'objet.

Nous devons une explication au sujet de la *dette différée*, car nous avons dit plus haut que, quoique comprise dans les émissions de la seconde époque, la *différée* avait été une ex-ception dans la conversion de tous les anciens titres.

La dette différée de 1831, d'après le décret qui en avait autorisé l'émission, était convertible en rente perpétuelle 3 p. 100. La seconde ou troisième série venait d'être convertie, lorsque le projet de conversion des anciens titres fut présenté aux Cortès. Non seulement le décret précité resta alors sans effet, mais il advint encore que les Cortès ne firent aucune mention de la dette différée dans la loi de conversion publiée dans l'année 1834. Il en est résulté que la dette différée de 1831 est restée en l'état de suspension ou mieux encore en l'état de *différée*, comme l'indique fort à propos du reste la dénomination que le débiteur lui-même lui a donnée.

A l'époque de 1834, que nous rappelons, la dette *différée nouvelle* fit son apparition. Alors celle de 1831 qui l'avait précédée prit pour signe distinctif la qualification d'*ancienne*.

La *nouvelle* était convertible en *active* par un douzième annuel. Les années qui se sont écoulées ont permis que la conversion pût s'opérer, de sorte qu'il n'existe plus aujour-d'hui de *différée nouvelle*. Celle qui existe est l'*ancienne*, la dette *différée* de 1831.

Une nouvelle phase encore de cette troisième époque des emprunts espagnols à l'Etranger sera sans doute le règlement de la dette.

L'Espagne a eu le bonheur de rester calme, malgré les évènements qui ont troublé une partie de l'Europe. Cette tranquillité a permis de signaler quelque amélioration importante dans plusieurs des revenus de l'État. Le budget de 1850 en est le témoignage le plus positif.

Alors que la guerre désolait la plupart des provinces, que les besoins pour l'armée étaient impérieux, qu'il s'agissait de sauver la cause de la reine constitutionnelle, l'Espagne a pu, par nécessité, par mesure de salut public, suspendre le paiement des semestres de la dette.

Même assez long-temps après, cette suspension a été maintenue tout en rappelant chaque année, à l'ouverture des Cortès, l'obligation où l'on était de régler la dette. C'était alors une formule , une preuve de bon souvenir en faveur des créanciers de l'État.

Aujourd'hui les circonstances sont bien changées. La cause de la reine constitutionnelle est affermie. L'Espagne elle-même même témoigne son désir de relever son crédit et de remplir ses devoirs envers ses créanciers.

La communication officielle , adressée le **17** novembre dernier par le président du conseil des ministres au secrétariat du comité des créanciers à Londres , a donné à cet égard pleine satisfaction à l'opinion publique.

Le chef du cabinet espagnol , en accusant réception d'un mémoire qui lui a été adressé le **8** octobre au nom des porteurs de titres , charge le secrétaire du comité d'assurer les signataires de sa sollicitude pour faire adopter promptement les mesures qui devront améliorer leur position. Les nombreux intérêts dont le cabinet a été préoccupé — dit le ministre — l'ont forcé de retarder la présentation de ces mesures; mais rien n'est négligé pour qu'elles soient bientôt sonmises aux Cortès. Le président du conseil termine sa dépêche en annonçant au comité que celui-ci sera incessamment informé des résultats de la détermination que le gouvernement prépare.

Quels seront les termes de cette détermination? Le règlement sera-t-il général, ou partiel? Sans doute il est du devoir du gouvernement que le règlement soit général, mais c'est à lui seul à apprécier ses ressources et aviser aux voies et moyens. Sans nous immiscer dans cette question, nous nous bornerons à présenter quelques chiffres pour l'intelligence des porteurs de titres.

Le montant de la dette *extérieure* et *intérieure* en décembre 1844, s'élevait comme suit, savoir :

	avec intérêt.	sans intérêt.
Dette extérieure :	Piastres.	
Active 5 p. 100	177.294.800.	
Passive		59.748.000.
Différée ancienne 1831.		22.220.700.
Dette intérieure :		
Titres au porteur 5 p. 100.	52.570.784.	
— — 4 —	26.656.596.	
Dette sans intérêt		77.308.524.
Vales non-consolidés		18.779.821.
Dette courante 5 p. 100 papier		28.480.300.
Piastres	256.522.180	206.537.345.

Depuis cette époque la dette active s'est augmentée du montant des dernières séries de la dette différée nouvelle convertie en active — et d'un autre côté elle a diminué du montant des paiements en active faits par les acheteurs de biens nationaux. Toutes les valeurs de la dette intérieure ont également diminué depuis la même époque pour la même cause.

Aux sommes qui précèdent nous avons à ajouter le montant des *intérêts échus* depuis 1841 jusqu'à ce jour. Les coupons de *l'active* ne s'élèvent pas à moins de **70** millions de piastres, et ceux des 5 et 4 p. 100 de la *dette intérieure* à **30** millions, soit en tout **100** millions de piastres.

Ce chiffre compose la *dette échue*, au sujet de laquelle le gouvernement aura à prendre une délibération. Consolidera-t-il la totalité de cette somme en 3 p. 100, ou ne le fera-t-il qu'en partie ?

Mais il faut observer que la *dette active,* et les 5 et 4 p. 100 de la dette *intérieure* continueront en attendant de reproduire chaque année les coupons d'intérêts y annexés. Quelles mesures le gouvernement prendra-t-il alors pour éviter l'embarras qui se renouvellerait encore à leur occasion s'il n'avait pas les moyens de les acquitter ? Demandera-t-il à l'avance l'autorisation de convertir en 3 p. 100 l'active et les 5 et 4 p. 100 de la dette intérieure ?

Si dans le choix que le gouvernement a à faire entre l'*arriéré* des coupons échus, et le service *futur* de la dette active et des 5 et 4 p. 100 de la dette intérieure, il donne la préférence à la conversion en 3 p. 100 de l'active et des 5 et 4, quel sort réservera-t-il alors aux coupons échus, à la passive, à la différée ancienne, à la dette sans intérêt, aux vales non consolidés et à la dette courante 5 p. 100 — papier ?

Nous attendrons les mesures que le gouvernement espagnol a promis de faire adopter promptement, mais nous regretterons toujours que les Cortès n'aient pas voté dans les années précédentes une somme affectée exclusivement à l'amortissement. L'amortissement n'est pas de notre choix, mais si on l'eût mis en pratique, il eût amélioré le sort des porteurs de titres en même temps qu'il eût utilement servi à relever le crédit de l'État.

S'il importe aujourd'hui aux créanciers de l'Espagne d'ob-

tenir un règlement, il importe bien plus encore au gouvernement lui-même d'en hâter la publication, car il n'acquerra véritablement le crédit qui lui est contesté qu'à la condition
qu'il satisfera ses créanciers jusqu'où ses ressources le lui permettront. Pour Dieu seul il n'y a pas d'impossible !

Paris, Décembre 1849.

____

POST-SCRIPTUM.

On achevait à peine d'écrire ce qui précède qu'on apprit
qu'une proposition traitant du règlement de la dette avait été
présentée aux Cortès par le député Sanchez Silva. Mais dès
qu'on aperçut que cette proposition avait pour objet de *convertir en un nouveau* 2 p. 100, non seulement les valeurs en
souffrance mais encore le 3 p. 100 récemment émis, personne
ne douta du rejet de ce projet de loi, et en effet il a été rejeté par les Cortès à une grande majorité.

Il suffit de rappeler la mémoire de toutes les conversions
précédentes pour juger de l'effet désastreux qu'eût produit
une nouvelle atteinte de ce genre portée au crédit de l'Espagne,

Comment ! on aurait osé proposer aux Cortès de toucher
déjà au nouveau 3 p. 100 ! cela ne s'explique pas.

Améliorez les valeurs en souffrance jusqu'où vos ressources
le permettront, mais respectez le nouveau 3 p. 100, ce seul
fonds qui peut servir de base à votre crédit.

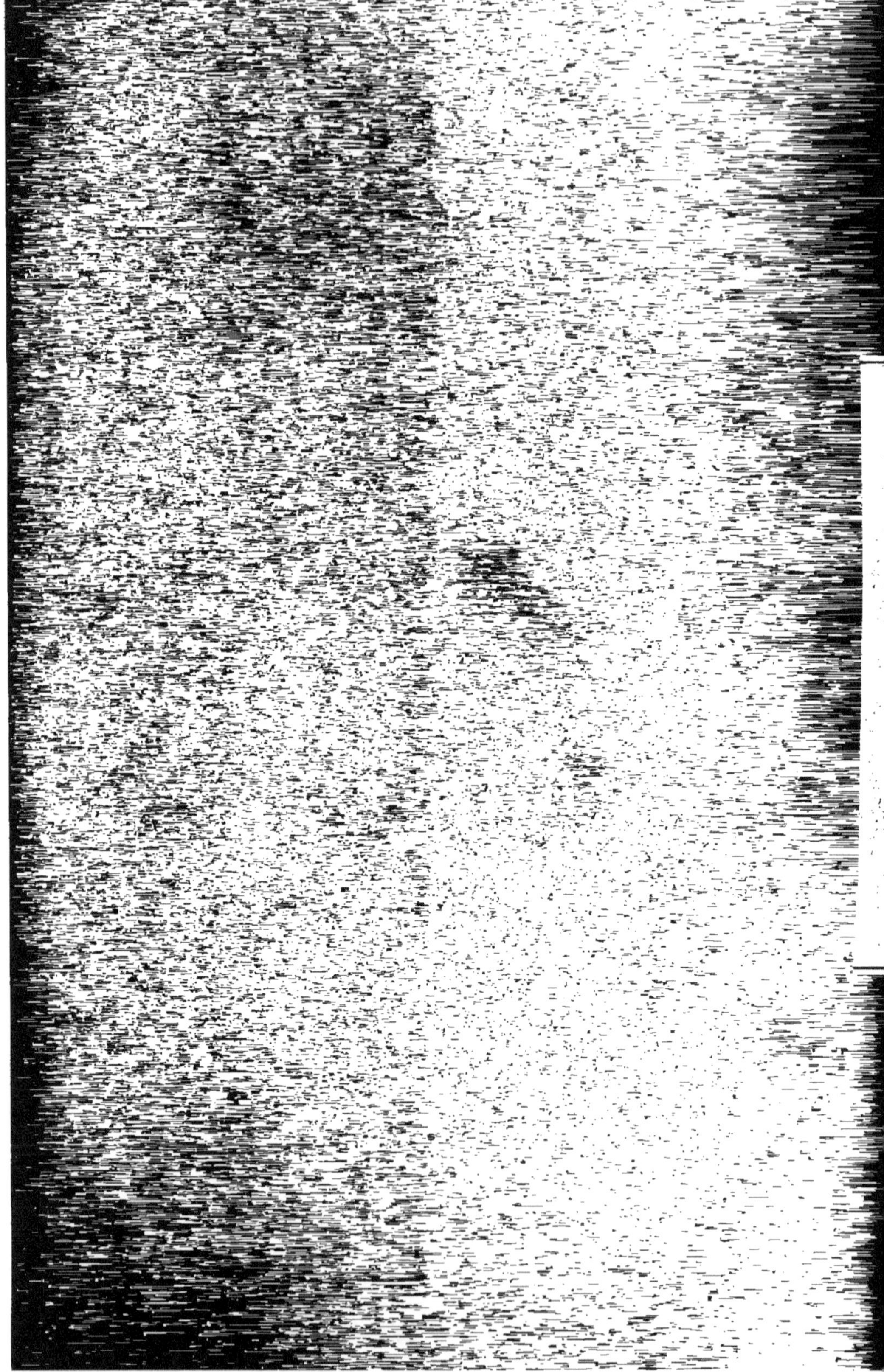